LETTRE
AUX PARISIENS
SUR
LES TÉLÉGRAPHES.

PARIS, IMPRIMÉ PAR PLON FRÈRES,
36, RUE DE VAUGIRARD.

LETTRE
AUX PARISIENS

SUR

LES TÉLÉGRAPHES

ET NOTAMMENT

SUR LE TÉLÉGRAPHE E. GONON,

PAR

J.-B. MESNARD.

PARIS

CHEZ TOUS LES MARCHANDS DE NOUVEAUTÉS.
Juin 1846.

LETTRE
AUX PARISIENS

SUR

LES TÉLÉGRAPHES,

ET NOTAMMENT

SUR LE TÉLÉGRAPHE GONON.

Il paraît que le sort des grandes découvertes, de toutes les grandes conceptions du génie fut de rencontrer, dans tous les temps, des obstacles à peu près invincibles, des résistances presque insurmontables, comme si l'homme n'était fait que pour mépriser ce qu'il ne comprend pas, pour repousser ce qui doit lui rendre les plus grands services.

C'est ainsi que Christophe Colomb découvre un nouveau monde et se voit traité comme un fou par tous les souverains auxquels il va en offrir la possession. Molière, l'incomparable Molière, trouve *Tartufe*, et il ne faut rien moins que l'autorité du Grand Roi pour que ce chef-d'œuvre paraisse sur la scène française. Beaumarchais imagine *Figaro*, et il lui faut plus d'esprit pour le faire jouer qu'il ne lui avait fallu de talent pour le composer. Les frères Chappe inventent le télégraphe, Courrier aérien qui, avec ses deux bras, peut lancer la pensée d'un bout de l'Europe à l'autre, et il n'a fallu rien moins qu'une grande Révolution, qu'un grand Corps délibérant pour le faire adopter.

Il y a encore, en France, un obstacle bien funeste aux créations utiles : c'est la légèreté du public, ses préventions, ses caprices, son engouement ; il n'y a pas jusqu'à la mode qui ne s'en mêle. Heureux encore l'homme de génie, si, lorsqu'il veut produire au grand jour le fruit de ses longues et profondes méditations, le résultat de travaux pénibles et dispendieux, l'attention de ses concitoyens n'est pas détournée par un saltimbanque ou par un petit monstre qui absorbe les esprits aussi petits que lui [1].

C'est ce qui est arrivé, c'est ce qui s'est passé et ce qui a lieu à l'occasion du nouveau télégraphe inventé par M. Ennemond Gonon [2], citoyen français, qui a consacré vingt-cinq années et

[1] Tom Pouce a attiré pendant six mois la foule sur ses pas.
[2] Son parent, M. l'abbé Gonon, est premier aumônier du roi.

plus de sa vie au perfectionnement de cette machine, qui, tout imparfaite et incomplète qu'elle était, a rendu de si grands services à la France, et joué un si grand rôle dans les phases si diverses de notre politique depuis cinquante ans.

Donnons ici une notice biographique sur M. E. Gonon, nous ferons ensuite connaître son œuvre; nous dirons ce que c'est que la télégraphie que peu de personnes connaissent, dont l'importance et l'utilité sont un mystère pour le plus grand nombre, et nous passerons ensuite à l'examen des obstacles, des déboires et des injustices que ce digne citoyen a rencontrés, en France, pour récompense de l'immense découverte dont il a voulu enrichir son pays.

M. Jean Ennemond Gonon est né à Belley (Ain), en l'an 1800. Son père, homme d'un grand savoir, se rendit, vers cette époque, à Lyon, où il enseigna, jusqu'à sa mort, les hautes sciences. Plusieurs de nos hommes publics, de hautes notabilités, dans la magistrature lyonnaise, ont été ses élèves. M. Gonon père est peut-être le premier qui se soit sérieusement et fructueusement occupé de la diffusion de l'enseignement mutuel. On peut dire également qu'il a contribué, avec un grand succès, à l'application de la tenue des livres en partie double, sur laquelle il a écrit un ouvrage remarquable et qui a servi de modèle à tous ses successeurs.

Le jeune Ennemond n'avait que six mois lorsque son père quitta Belley pour se fixer à Lyon, et devint dès lors l'objet de toute sa sollicitude; aussi est-il l'un des hommes, de notre époque, les plus instruits dans les langues modernes.

De bonne heure, il se livra aux sciences exactes et à la mécanique, qui l'absorbèrent jusqu'à l'âge de 18 ans. — A cette époque, son goût pour les langues l'emporta, et ce fut pour les étudier avec plus de fruit qu'il se décida à voyager. C'est ainsi qu'il a parcouru toute l'Europe, et les deux Amériques, où il est resté pendant 7 années.

Cependant ce fut avant son départ qu'il conçut l'idée de perfectionner la télégraphie, qui devint pour lui une occupation spéciale : il connaissait toute l'importance des télégraphes aériens, de cette puissance dont Napoléon faisait tant de cas, qui nous a annoncé nos premières et nos plus grandes victoires, et qui est l'une des conceptions les plus belles et les plus utiles du génie français.

La tâche devenait pénible et longue, mais il ne se rebuta point.

A mesure qu'il avançait, il reconnut que ce n'était plus une simple machine qu'il fallait faire mouvoir, mais une espèce d'être qu'il fallait créer, animer, faire parler, et qu'il lui fallait surtout une langue claire, simple, facile et positive; non plus une langue qui eût le mérite de desservir un peuple, selon quelques besoins principaux, mais dans tous ses rapports de gouvernement et sociaux, et même tous les peuples, chacun en particulier, dans leur langue, et en faire en quelque sorte une machine polyglotte, ou l'instrument habile, quoique passif, d'une langue universelle.

Ce fut alors que M. E. Gonon comprit que toute la puissance de sa création, que tout le mérite, à conquérir, était dans un Dictionnaire; il mit la main à l'œuvre... et il n'y a pas consacré moins de vingt-cinq années d'un travail opiniâtre et persévérant.

Lorsqu'il eut atteint le terme si long-temps cherché, c'est-à-dire lorsqu'il eut étudié tous les systèmes télégraphiques, tous leurs moyens, qu'il les eut comparés dans leurs résultats, et que, sans en excepter celui de MM. Chappe, tout supérieur qu'il soit à tous les autres, il en eut reconnu l'insuffisance et les difficultés qu'ils présentaient, il montra successivement son œuvre aux savants de tous les pays qu'il parcourait pour s'assurer si réellement il avait atteint son but.

Rien n'est plus honorable que les attestations qui lui ont été données, que les éloges qu'il a unanimement reçus; mais ce qui est plus honorable pour lui, c'est le refus des offres qui lui ont été faites dans les divers États.

Il savait en quelle estime on tenait MM. Chappe, et, animé du même patriotisme, jaloux de doter la France d'une découverte qu'il lui devait, avant tout, comme français, d'une machine qui avait été l'auxiliaire de notre gloire sous l'Empire, qui avait fait l'orgueil de l'un de ses rois les plus éclairés, et avait été un objet d'envie pour un prince véritablement grand et digne appréciateur des belles découvertes, l'empereur Alexandre, il se rendit à Paris en 1843. On va voir ce qu'il a fait, et comment il a été accueilli, et quelles sont les luttes qu'il est encore, au bout de trois années, obligé de soutenir.

Nous allons donner d'abord un aperçu historique très-rapide de la télégraphie.

TÉLÉGRAPHES.

RÉSUMÉ HISTORIQUE.

La correspondance *par signaux* est établie depuis fort long-temps en Asie. En différentes occasions, les Chinois allumèrent, sur leur grande muraille, des *feux brillants* que ni la pluie ni les vents ne pouvaient éteindre. Tamerlan se servit aussi, suivant ses historiens, de divers signaux pour diriger la marche de ses armées. — Homère parle de *signaux de feu* dans plusieurs passages de l'*Iliade*. Dans *Agamemnon*, tragédie d'Eschyle, des signaux de ce genre annoncent la prise de Troie à Clytemnestre; cette princesse désigne elle-même les stations de correspondance : sur le mont Ida, à Lemnos, au mont Athos, etc. Durant leurs guerres en Sicile, les Carthaginois allumaient des feux qui, répétés de distance et distance, parvenaient promptement à la vue de leur capitale. Aristote parle des *observateurs de signaux* établis de son temps. Les correspondances par signaux sont mentionnées dans Pausanias et dans Thucydide. Les anciens Gaulois connaissaient aussi l'art de communiquer, à de grandes distances, au moyen de signaux. César cite un avis donné à Orléans et transmis, en 12 heures, de Gergovia des Arvernes, à la position qu'il occupait, distante d'environ 60 lieues. Un *télégraphe romain* est figuré sur la célèbre colonne Trajane; les *signaux par le feu* sont mentionnés dans les écrits de Tite-Live, de Polybe et de Plutarque. L'abbé Trithème a prétendu connaître un moyen de communiquer la pensée, en peu de temps, à 100 lieues de distance, le correspondant fût-il même dans un lieu inconnu *à celui qui faisait usage du procédé.* Le philosophe Plotin avait déjà parlé des découvertes merveilleuses opérées à l'aide d'*émanations que la lumière et le mouvement introduisent dans certains corps.* — Les premiers essais, authentiquement constatés, *pour communiquer par signaux*, ont été faits en Europe par Kircher, par Dupuis, auteur de l'Origine des Cultes, en 1778; par Guyot, Paulian, par l'amiral hollandais Kinsberger, en 1782; par le Suédois Edelwrantz, etc., etc. On est redevable à Claude Chappe du système de télégraphe aujourd'hui en usage en France.

Ce qui distingue cette invention de toutes les

espèces de signaux imaginés jusqu'à présent, c'est que les différentes figures que le télégraphe est susceptible de représenter forment les caractères d'un langage tout entier par le moyen duquel on peut annoncer tout ce que l'on veut.

Des expériences faites en 1793 constatèrent que la transmission d'une dépêche, à la distance de 48 lieues, pouvait se faire en 3 minutes 40 secondes.

Le gouvernement français s'empressa d'adopter cette invention dès qu'elle fut communiquée : un décret de la Convention, du 26 juillet 1793, ordonna l'établissement de télégraphes sur les principales routes de France, et ce décret fut exécuté avec une promptitude extraordinaire.

Suivant M. Chappe, qui a publié, en 1824, l'*Histoire de la télégraphie*, la ligne de Paris à Lille fut terminée vers la fin de 1794 ; elle fut prolongée à Dunkerque en 1798, à Bruxelles en 1803. Un embranchement jusqu'à Boulogne fut ajouté la même année et continué jusqu'à Anvers et Flessingue, en 1809, etc.

En 1822, les avis étaient transmis, de Calais à Paris (68 lieues), en 3 minutes par 33 télégraphes ; de Lille (58 lieues), en 2 minutes par 22 télégraphes ; de Lyon (119 lieues), en 8 minutes ; de Brest (144 lieues), en 8 minutes par 54 télégraphes. — En 1820, le contre-amiral Saint-Haouen proposa un nouveau système télégraphique dont il fit l'essai en présence d'un des princes de la famille royale, mais qui ne parut présenter assez d'avantages pour en déterminer l'adoption.

Dans certaines parties de la Suède, les voyageurs ont la liberté de se servir des télégraphes du gouvernement pour informer de leur arrivée aux postes voisines, et faire préparer les chevaux ou les barques nécessaires.

Un télégraphe suédois, établi sur les bords du golfe de Bothnie, fait parvenir des renseignements à une distance de 5 milles et demi de Suède (4 milles anglais); il opère 1,024 changements; celui qui le dirige est en même temps maître de poste.

Dans ces dernières années, Méhémet-Ali a établi des télégraphes, en Égypte, sur un modèle qui lui a été envoyé de France; les nouvelles parviennent, d'Alexandrie au Caire, en 40 minutes. Cette correspondance est servie par 175 stations, non compris les deux points de départ et d'arrivée. — En Angleterre, on exécuta, en 1796, des appareils semblables à ceux de France; on y établit même, en 1816, pour l'usage de la marine, un autre télégraphe appelé *sémaphore*, inventé par l'amiral Home Popham, et différent du précédent en ce qu'il est mobile et se transporte facilement sur une voiture.

Le procédé des télégraphes est si simple, si rapide, qu'il doit infailliblement faire tomber un jour toutes les autres voies de correspondance, et procurer au commerce des avantages beaucoup plus grands, beaucoup plus nombreux que ceux que l'on retire de l'établissement des postes et des courriers.

Au moyen de lignes télégraphiques établies convenablement, toutes les villes importantes de l'Europe pourraient être informées, dans le même jour, au même moment et presque sans frais, des faits et des événements de nature à influer sur les opérations des négociants; on connaîtrait ainsi, *bourse par bourse*, le cours du change, les mutations survenues dans le cours des effets publics de chaque place, l'arrivée, le départ des navires dans tous les ports, les incidents multipliés dont on ne peut être autrement informé que lentement et avec des frais immenses.

Ces correspondances régulières, de l'Europe avec l'Inde, que le gouvernement Anglais tente d'établir au prix de tant d'efforts de toute espèce et par la navigation à vapeur, ne peuvent être comparées, pour leur utilité future, à celle qu'il retirerait, par exemple, d'un établissement de ce genre devant lequel toutes les distances, tous les obstacles disparaissent, et par lequel l'homme triompherait, en tout temps, des éléments et des intempéries des saisons; enfin cette entreprise serait plus expéditive et plus puissante même, dans ses résultats, que le projet de cet habitant de Sidon qui proposait à Alexandre de disposer une voie de correspondance telle que, *dans 5 jours, il recevrait des avis du lieu le plus éloigné de ses conquêtes de l'Inde.*

Les objections tirées de la politique, pour priver les particuliers des avantages de la correspondance télégraphique, ressemblent trop aux motifs qui engageaient Louis XI à se réserver, exclusivement, le service des postes, pour mériter une réfutation sérieuse.

L'invention des *signaux sur mer,* attribuée à tort au duc d'York, depuis Jacques II, roi d'Angleterre, reçut, en l'année 1673, de grands perfectionnements du maréchal de Tourville; ces signaux étaient en usage dès le temps de la reine Élisabeth, puisque cette princesse remettait, aux commandants de ses flottes, des livres d'ordres et de signaux qu'ils ne pouvaient ouvrir qu'à une certaine hauteur en mer.

Depuis bien long-temps encore, ce moyen était en usage dans la marine espagnole : une ordonnance navale, publiée en 1340 par Fadrique, grand-amiral de Castille, indique la forme et le but d'un grand nombre de signaux à employer à bord d'une flotte de 20 galères et de 40 autres navires, qui venait d'être équipée contre le royaume d'Aragon. Suivant M. Chappe, l'amiral français Missiessy a apporté des améliorations notables, en 1819, au système des signaux maritimes en France ; ceux actuels y sont au nombre de 34 : 20 pavillons carrés, 4 guidons, 2 pavillons triangulaires et 8 flammes. « Ces 34 signes combinés 2 à 2, 3 à 3, procurent, dit-il, 37,060 signaux. » — On a fait récemment, avec quelque succès, en Angleterre, l'essai d'un *télégraphe acoustique,* destiné à transmettre, *en moins d'une heure,* des paroles d'une extrémité du royaume à l'autre.

M. Pearson, de Boston, a imaginé, vers 1822, une espèce de *télégraphe de ménage,* dont l'objet est de rendre plus facile et plus actif le service intérieur des maisons et des appartements, en transmettant aux domestiques des ordres qu'ils peuvent exécuter sur-le-champ et sans perdre le temps qu'ils emploient ordinairement à venir s'informer de ce que l'on a à leur prescrire. Ce télégraphe consiste en deux cadrans divisés de la même manière, dont les aiguilles sont assujetties à se mouvoir en même temps et à parcourir des espaces égaux. L'un des cadrans est placé dans la chambre du maître, et peut être converti en meuble de décoration ; l'autre est partout où l'on voudra que les domestiques attendent les ordres. Chacune des divisions, que l'on peut multiplier à volonté, représente un commandement indiqué, soit par une lettre, soit par tout autre signe convenu : le maître place l'aiguille de son cadran sur le signe de l'ordre qu'il veut transmettre et, sur-le-champ, le signal est répété par le cadran des domestiques. Ce télégraphe coûte 25 francs.

TÉLÉGRAPHE E. GONON.

Le télégraphe de M. Ennemond Gonon se compose de deux montants ou colonnes, dont l'une a 33 pieds de haut et l'autre 28. A chacune de ces colonnes sont adaptées deux flèches mobiles. La distance de neuf pieds, qui existe entre ces quatre flèches d'une colonne à l'autre, se trouve remplie par six vantaux ou petites croisées qui s'ouvrent et se ferment avec une rare précision. Tous les signaux télégraphiques sont par conséquent rendus, ici, au moyen des quatre flèches et des six vantaux qu'un seul homme fait mouvoir à l'aide d'un mécanisme parfait. Ce mécanisme consiste en quatre cadrans, à manivelle, qui correspondent aux quatre flèches, et en six touches ou pédales qui correspondent aux vantaux.

Cette machine présente, de loin comme de près, un point de visibilité qui ne laisse rien à désirer. La forme en est élégante et bien proportionnée; tous ses mouvements s'exécutent avec une promptitude et une précision merveilleuses;

elle produit, en outre, un spectacle des plus agréables, lorsque, illuminée instantanément par des feux fixes et mobiles pour le service de nuit, elle laisse voir, en jeu, tous ses mouvements.

En résumé, ce télégraphe rend les dépêches au moins dix fois plus vite que ne peut le faire la machine de M. Chappe qui est, de plus, très-difficile à faire mouvoir.

Au lieu d'une centaine de signaux, tels que ceux qu'emploie l'administration française, M. Gonon en possède plus de *quarante mille* qui forment une langue universelle dans laquelle se traduisent, avec une exactitude et une célérité sans exemple, les dépêches conçues dans toute espèce de langues et d'idiomes, ainsi que tous les mots inventés immédiatement au gré du besoin ou du caprice.

Au moyen de ces signaux, dont le nombre peut varier de dix à treize par minute, on expédie une dépêche de *mille mots*, environ, *par heure*, à une distance de cent lieues, tandis que le télégraphe de M. Chappe ne donne jamais plus de 300 mots par jour, même dans la saison la plus favorable.

Cette promptitude d'exécution provient non-seulement de la simplicité et de la perfection du mécanisme du télégraphe, mais encore de l'économie des signaux que l'inventeur a introduite dans son système.

Pendant que l'administration actuelle emploie trois, quatre et cinq fois *plus de signaux* qu'il n'y a de mots dans les dépêches, M. Gonon rend le même nombre de mots avec vingt, trente et jusqu'à cinquante signaux de moins pour cent.

D'après ce calcul, il est évident que jamais, par le système nouveau, les expéditions de vingt-cinq à trente mots ne mettraient plusieurs jours à franchir une courte distance, ainsi qu'il arrive par le système de M. Chappe. — Ce fait est souvent consigné dans le *Moniteur*.

L'extrême célérité du télégraphe de M. Gonon est d'autant plus remarquable que, dès lors qu'elle facilitera, en peu d'instants, l'expédition complète et détaillée de longues dépêches, *à toute heure du jour et de la nuit*, on n'aura plus sujet de craindre les interruptions fréquentes causées par les variations de l'atmosphère dans la correspondance actuelle, et l'autorité ne sera plus accusée injustement de retenir des nouvelles que réellement elle n'a pu recevoir.

Bien d'autres considérations non moins essentielles font prévaloir le système télégraphique de M. Gonon. Cette découverte, indépendamment des services qu'elle rendrait au gouvernement, pourrait être appliquée d'une manière sage et libérale au profit du commerce, de la banque et de l'industrie, en un mot de tous les intérêts privés de quelque importance, car, du moment qu'il est démontré que la totalité des expéditions de ce télégraphe peut s'élever, sans peine, à CENT QUARANTE-CINQ MILLE MOTS PAR JOUR, il est facile de concevoir que le gouvernement pourrait appliquer l'excédant de ses besoins à des services particuliers, et, d'après des calculs faits, le produit qui pourrait en résulter ne s'élèverait pas à moins de 15 à 20 millions de francs par année, sans compter celui des colonies[1].

Une dépêche de quatre-vingts à cent mots serait rendue officiellement de Paris à Londres, *et vice versâ*, par le télégraphe de M. Gonon, en 12 ou 15 minutes; une dépêche, de même longueur, en 25 ou 30 minutes de Paris à Madrid; la même encore, en 35 ou 40 minutes, de Paris à Vienne, à Berlin, à Naples; la même, en une heure un quart ou une heure et demie, au plus, de Paris à Saint-Pétersbourg, à Constantinople et à Stockholm.

Il est facile de se représenter le bien immense

[1] Il y aurait là plus que pour couvrir les dépenses de premier établissement, et l'on voit quels seraient ensuite les bénéfices annuels qu'on pourrait appliquer à des établissements publics.

qu'apporterait cette découverte, lorsque, en un clin d'œil, les ordres du pouvoir parcourront, comme par un choc électrique, des lignes de télégraphes établies dans les départements et dans les arrondissements; il n'y aura plus, en quelque sorte, ni durée de temps ni distance de lieux sensibles. Les fonctionnaires du pays seront en communication avec le Ministère comme s'ils étaient dans la capitale même. Les troupes, concentrées dans les places fortes, répondront au moindre appel du chef. La France entière sera instruite du vote des chambres, en quelque sorte, même à la fin de chaque séance. Les villes de commerce, averties simultanément du cours des rentes et des fonds étrangers, ainsi que du taux des marchandises, opéreront leurs transactions avec sécurité. Les tâtonnements, occasionnés au loin par l'attente et l'incertitude des nouvelles importantes, disparaîtront. Il y aura enfin plénitude de vie et unité d'action.

Le système télégraphique de M. Gonon offre encore d'autres avantages, comme économie : en l'appliquant aux lignes déjà existantes, les frais d'établissement s'élèveront, au plus, à trois ou quatre millions de francs.

Les plus heureux essais, répétés plusieurs fois devant des personnes capables de les apprécier, et qui même ont multiplié les difficultés, lui ont donné gain de cause, il a obtenu l'accueil le plus favorable en Amérique, en Russie, à la Havane, à New-York, à la Nouvelle-Orléans et dans plusieurs autres grandes villes.

L'expérience est donc acquise, et elle est sanctionnée, de plus, par l'approbation des hommes les plus illustres des deux mondes.

Nous n'avons, maintenant, qu'à en désirer l'application.

Quant à la connaissance du mécanisme, des moyens de faire parler le télégraphe, il suffit que celui qui doit opérer ait reçu quatre leçons d'une heure chacune, et qu'il sache compter jusqu'à soixante-dix-neuf.

D'après ce qu'on vient de lire, on comprend difficilement que M. E. Gonon ait rencontré autant d'obstacles au milieu d'un peuple éclairé, au milieu de savants qui reconnaissaient l'insuffisance du seul système télégraphique que nous possédions, celui des frères Chappe. On suppose, tout naturellement, que le gouvernement français a dû s'empresser de nommer une commission pour étudier la découverte de M. Gonon, qui assisterait à des expériences, qui les suivrait avec attention, qui les constaterait avec scrupule et conscience, rien de tout cela [1].

M. E. Gonon a le malheur de n'être qu'un savant modeste et plein de foi dans son œuvre, fort de la puissance de son dictionnaire [2], de ses expériences multipliées à l'infini, et comblées des éloges de tous ceux qui les ont vues et admirées, et il a cru que son pays l'accueillerait avec bienveillance, avec cet intérêt qui s'attache à une conception aussi utile que grande.

Il a eu cet autre malheur encore d'arriver en France à une époque où les hommes qui sont à la tête d'une administration quelconque tremblent constamment de la peur d'être détrônés, et où il s'est formé une sorte d'Assurance-mutuelle entre tous ceux qui ont pu saisir un emploi quelconque, un petit bout d'autorité; il est devenu un épouvantail pour tous ceux qui étaient dans l'administration des télégraphes. Depuis M. Foy, qui en est le directeur, jusqu'au plus mince employé, tous se sont crus frappés de disgrâce, et, comme s'ils eussent compris, comme s'ils eussent pu comprendre, en effet, tout ce que com-

[1] Nous devons à la vérité de dire qu'une commission a bien été nommée; mais elle n'a absolument rien fait.

[2] En télégraphie, toute la puissance et tout le mérite du système sont dans le dictionnaire, c'est-à-dire dans la traduction de la pensée; le mode de transmission est toujours facile.

portait le télégraphe de M. E. Gonon, ils se sont vus d'avance frappés de mort. Dès lors, la malveillance, la malignité, le mensonge, le mauvais vouloir se sont mis en campagne, et l'œuvre du talent, de la persévérance, d'un savoir profond, d'une combinaison immense, prodigieuse, a été jugé, proclamé une absurdité.

M. Gonon a rencontré encore un autre obstacle sur sa route : LE TÉLÉGRAPHE ÉLECTRIQUE, patroné par l'un de nos savants les plus imposants dans la science, par un homme d'un grand crédit et d'une grande autorité, Orateur, Écrivain, Politique, grand Astronome, Physicien, appréciateur éclairé de toutes les découvertes, M. Arago enfin. Ce nouveau système a pénétré dans toutes les classes de la société ; il a trouvé des prosélytes, des prôneurs, sur la foi de ce grand nom, et M. Gonon s'est trouvé rapetissé, amoindri, dédaigné, écrasé. La presse n'a embouché ses cent trompettes que pour annoncer, avec fracas, le télégraphe électrique ; il faisait des merveilles, même quand ses fils étaient brisés, et lorsque M. Gonon a osé contredire, on lui a répondu par des injures.

Que demandait cependant M. E. Gonon? était-ce de l'argent, comme on en avait prodigué à ses concurrents du télégraphe électrique? non, car il a fait construire trois télégraphes à ses frais. A-t-il recouru à la sollicitation, qui lui était si facile, auprès du prince éclairé dont son parent est l'aumônier? encore non ; il n'a rien voulu devoir qu'à la supériorité de son œuvre; il a demandé de faire des expériences concurremment avec son rival le télégraphe électrique; il n'a demandé que de pouvoir fixer les opinions par des faits.

Cependant l'œuvre de M. Gonon n'était déjà plus dans l'ombre; elle n'était ni à l'état de conjecture ni à l'état de simple projet; des expériences avaient été faites sur de petits télégraphes modèles placés dans l'un des appartements des Tuileries, chez son parent, M. l'abbé Gonon, devant des savants, des hommes haut placés et des journalistes; j'y avais conduit moi-même M. Perrée, propriétaire du journal *le Siècle;* M. Defienne, son beau-frère; M. Wolowsky, l'un de ses rédacteurs [1] et professeur de législation industrielle au Conservatoire des arts et métiers; M. Thomas, rédacteur en chef, et il serait difficile de peindre quelle fut leur surprise,

[1] Ce dernier avait promis de faire l'article que MM. Perrée et Defienne s'étaient engagés à insérer; j'avais fourni les notes qu'ils m'avaient demandées à cet effet; le vent ou autre chose a emporté et l'article et les promesses. M. Wolowsky avait donné lui-même une dépêche renfermant le mot le plus long, le plus chargé de syllabes, jugé le plus difficile de la langue polonaise.

leur admiration, en face d'une machine pour laquelle il n'existait plus de difficultés, qui rendait la pensée avec une clarté, une précision et une rapidité rivales; c'était un enthousiasme indicible.

Que sont devenues ces promesses? pourquoi cet enthousiasme s'est-il si rapidement refroidi, ou ne s'est-il conservé qu'en faveur du télégraphe électrique?

Si l'on osait nous dire que ces paroles sont empreintes de dépit ou de jalousie, nous répliquerions : Sont-elles des faits vrais, et la loyauté, le plus simple sentiment de justice, de nationalité, voulaient-ils qu'on manquât à des promesses, à des paroles données, qu'on étouffât la vérité?

Est-il vrai que MM. Foy et Flocon avaient assisté à ces expériences, et qu'ils n'avaient pu dissimuler leur surprise ni contenir leur admiration pour la simplicité du télégraphe E. Gonon, pour la perfection de son dictionnaire, pour la rapidité et la facilité de sa mise en pratique?

Autorisé, je pourrais dire encouragé par de semblables précédents, par des éloges prononcés spontanément, M. E. Gonon devait-il espérer un examen sérieux, jaloux même de trouver une certitude, ne pas s'attendre à des dédains, aux répulsions de la calomnie et de l'envie, et croire à quelque succès?

Que l'on eût douté, jusqu'à plus ample informé, de l'excellence de son œuvre, avec cette politesse qui adoucit ou l'incrédulité ou la critique, qu'on l'eût examinée avec cette urbanité, cette mesure et cette dignité qui caractérisent les âmes françaises et nobles, on le comprend; rien n'est plus permis même que de blâmer ce qu'on n'approuve pas, mais discréditer, après avoir loué, mettre la lumière sous le boisseau pour l'empêcher d'éclairer, ce n'est ni loyal, ni digne, ni patriotique.

M. Gonon a-t-il jamais demandé que l'on crût sans voir? et dès lors qu'il avait fait parler des faits, devait-on lui opposer des dénégations mensongères, inconsidérément avancées, plus que hasardées, et qu'on pouvait entacher de mauvaise foi? C'était là une bien grande maladresse [1].

Lorsqu'il se présentait avec de nombreux certificats, tous plus élogieux les uns que les autres, émanant des Étrangers les plus distingués soit par leur position, soit par leur talent; lorsqu'il joignait, à leur appui, les mêmes faits qui les

[1] Lorsque M. Duchâtel, plein de bonne foi et de bon vouloir à l'occasion du télégraphe Gonon, a demandé à M. Foy ce qu'il en pensait, ce dernier s'est borné à répondre : *Que le système ne valait rien.*

avaient produits, M. Gonon avait-il droit à plus de réserve, d'un côté, et à plus d'égards, de l'autre?

Il nous semble que son audace eût été grande si, dans une question aussi importante, il se fût flatté de pouvoir abuser tant d'esprits éclairés, tant d'hommes habiles et graves, pénétrants et prudents, qu'il appelait pour le juger. Il ne leur fallait pas un long temps pour apprécier qui il était et qui il pouvait être.

Il y avait plus, il y avait là un homme qui, par son caractère et par sa position, imposait une réserve, une prévention si favorable qu'elle devait presque aller jusqu'à la croyance; nous voulons parler de M. l'abbé Gonon, homme si modeste aussi, si simple dans ses manières, si pur dans ses mœurs, si droit dans son langage, et qui était l'auxiliaire de M. Ennemond, son parent, l'interprète de cette nouvelle machine, et qui avait consenti à la faire mouvoir, à l'écouter, à la traduire, à l'expliquer dans le palais même du prince dont il est l'aumônier.

A nos yeux, il y avait quelque chose de bien imposant dans cette complaisance naïve et si simple de ce digne abbé, à venir nous initier à ces autres mystères que son parent venait de lui révéler à l'aide d'une machine qui devenait éloquente, quand on le lui demandait, mais qui était toujours fidèle, claire et rapide comme la pensée qu'on lui communiquait.

Est-il besoin de dire que de telles considérations imposaient ces devoirs qui caractérisent les hommes haut placés, en France, et par leur savoir et par leur éducation? Ce langage, qui est le leur, a-t-il été tenu à l'occasion de MM. Gonon? Sont-ils donc blâmables? ont-ils fait injure à quelqu'un parce qu'ils ont été polis, complaisants, prévenants, et qu'ils ont conçu et exécuté une grande et utile pensée? Ont-ils fait une mauvaise action parce qu'ils ont corrigé les vices de la machine des frères Chappe, et qu'ils en ont fait disparaître tous les inconvénients, tous les dangers? Sont-ils punissables parce qu'ils ont trouvé des hommes qui ont applaudi à leurs travaux et loué leurs résultats ?

Je l'avouerai moi-même, bien que j'aie fait une étude longue et sérieuse des langues et de leurs mystères, des ressources qu'on en peut tirer, des transformations qu'on peut leur faire subir, des modifications et des abréviations qu'on peut leur imposer, de l'universalité, de l'UNITÉ à laquelle on peut amener l'une d'elles, je me suis senti un peu incrédule, au premier abord, aux merveilles qu'on m'avait annoncées; mais, après avoir vu, après avoir réfléchi et examiné, mes convictions ont commencé avec mon étonnement et mon admiration. — En étudiant bien la machine, ses combinaisons, leurs rapports, j'ai été naturellement ramené aux Dictionnaires, et j'ai dû reconnaître, dans les mouvements divers des bras, de tout ce qui constitue la machine, comme un STÉNOGRAPHE habile qui traduisait spontanément la parole de l'orateur, de cette puissance intelligente qui les faisait mouvoir selon sa volonté. Ces fils, symétriquement rangés, me représentaient une lyre puissante qui portait, à une distance, sans limites, les sons qui redisaient les sentiments de l'âme de celui qui les faisait vibrer sous ses doigts magiques. Je les considérais comme autant de conducteurs variés d'une âme qui parlait et avait besoin de dire ses impressions; ces leviers étaient autant de forces qui ne se lassaient et ne s'épuisaient jamais; ces persiennes, ces vantaux, ces aiguilles, étaient l'aimant, l'électricité, la réflexion et la réfraction de la lumière ou de la pensée. — Tout cela était beau, magnifique, surprenant, mais cessait d'être incroyable quand on me mettait sous les yeux la pensée de celui qui avait voulu me parler, à quelque distance que je fusse placé, et qui ne pouvait pas me tromper parce que j'avais tout vu, tout compris. J'avais compris les rapports; quelque surprenants que m'eussent apparu les phénomènes, convertis en faits, je ne pouvais les nier [1].

On ne connaît ni la forme du Dictionnaire de M. Gonon ni ses combinaisons, dans les traductions, ni ses moyens, dans les transmissions, c'est vrai; mais on oublierait donc que tout cela doit être un mystère, hors pour le gouvernement qui en fera l'application, et c'est là ce qui fait le mérite de ce mystère [2]. Comment, parce qu'on ne comprendrait rien aux causes, on aurait le droit d'en nier les résultats? Qui est-ce qui connaît la composition du soleil, et pourtant nous en apporte-t-il moins et les jours et la chaleur?

M. E. Gonon, parce qu'il garde son secret, ce qui du reste est un devoir, car autrement son but serait manqué, parce qu'il se présente avec ce désavantage, si toutefois c'en est un, en mérite-t-il moins la considération des sa-

[1] On a douté de la seconde vue de mademoiselle ***. On commence à y croire depuis qu'on a vu... un télégraphe perfectionné, supérieur, plus complet que celui des frères Chappe, est-il un mystère aussi impénétrable, aussi incroyable?

[2] Chose bien remarquable, c'est que ce dictionnaire est composé de 40,960 signes, et que, bien qu'il les ait ressassés des milliers de fois, M. Gonon ne pourrait les reconnaître dans une combinaison faite par une main étrangère. Il y a là une grande certitude que jamais les secrets du mécanisme ni des transmissions ne pourront être surpris.

vants, du pouvoir et de toute la France? N'est-ce pas pour elle qu'il a dépensé des sommes énormes? N'est-ce pas sa patrie qu'il a préférée à tous les autres pays? Lorsqu'il a été accueilli par le nouveau monde, par l'Europe qui a admiré son œuvre et la lui a demandée, ne mérite-t-il pas au moins d'être écouté et jugé par elle? Si son système n'est qu'ingénieux et non suffisant, ne lui doit-on pas au moins cet éloge dont la simple honnêteté ne laisse pas d'être flatteuse?

Si j'avais ici à discuter le mérite ou la supériorité du télégraphe électrique, ne pourrais-je pas dire que celui-ci s'est déjà signalé par une infinité de défauts, d'insuffisance et de dangers que le télégraphe Gonon n'a pas, que du moins on ne peut lui reprocher raisonnablement, puisqu'on ne l'a pas encore examiné? Le télégraphe électrique n'a-t-il pas surtout le grand défaut d'être immensément dispendieux[1]?

Mais je ne veux m'occuper que du télégraphe Gonon, parce que je dis qu'il doit être jugé avant d'être condamné.

[1] « La commission, qui n'avait demandé que 240,000 fr. pour » toutes les dépenses de la ligne électrique de Paris à Rouen, sur » une distance de 134 kilomètres, a déjà dépensé 385,920 francs » seulement pour les trois fils de cuivre rouge (rosette) du nº 24. »

En y ajoutant les autres dépenses, chaque kilomètre reviendrait à 4,000 francs. (Voyez Réponse de M. E. Gonon au journal *l'Époque*.)

Lorsqu'un homme a donné des preuves de sa haute raison, lorsqu'il a couru le monde pour s'assurer de la supériorité de son travail, lorsqu'il vient dire à ses concitoyens les immenses avantages qu'on en peut tirer, a-t-on le droit de le traiter, sans examen, comme un fou? Que devra-t-on penser alors des corps savants, des députés, des pairs auxquels il s'est adressé? Tous ceux qui ont assisté à ses expériences, qui les ont constatées, sont donc des dupes ou des niais? Mais alors il faut du moins examiner en quoi M. Gonon use de prestige, de fantasmagorie ou de magie, et comment ceux qui ont cru voir ont été fascinés, par quels moyens il a séduit leur imagination?

Lorsque j'en vois qui font ce qu'ils ne doivent pas, où sont ceux qui fassent ce qu'ils doivent?

A côté du proverbe du peuple : *Nul n'est prophète dans son pays*, se place celui des savants: *Nulle découverte sans persécution*. Comment donc se fait-il que les savants fassent si bon marché de ce qui les touche de si près?

M. Gonon a-t-il épargné les expériences? ne les multiplie-t-il pas tous les jours [1]? n'y a-t-il

[1] A Montmartre, au château des Brouillards.

pas constamment appelé, n'y appelle-t-il pas constamment tout le monde? n'a-t-il pas tout fait pour convaincre les savants, pour attirer l'attention des gouvernants? n'a-t-il pas fait parler et la presse et son télégraphe? lui a-t-on répondu ainsi : « Rien de plus honnête que ce que » vous proposez. Faire une découverte intéres- » sante pour la société, la communiquer pour » le bien de tous, au lieu de la tenir secrète; » vouloir qu'elle parvienne au public par des » voies qui en attestent l'authenticité; ne la » laisser échapper de vos mains que pour la » déposer en celles de personnes placées pour » en user avec discernement; ne désirer enfin » la récompense de vos travaux que lorsque » leur utilité sera constatée[1]; on vous le répète : » rien n'est plus honnête. »

Sans doute rien n'est plus honnête! et c'est précisément parce que c'était honnête que M. Gonon a raisonné ainsi et a espéré. Mais qu'a-t-il obtenu jusqu'à présent? désagréments, indifférence de la part du pouvoir, qui fait examiner

[1] Non-seulement M. Gonon a fait construire trois télégraphes d'essai *à ses frais*, mais il offre encore de le faire, pour une ligne entière, de Paris à Rouen; ce serait une dépense d'environ 100,000 francs. Peut-on forcer plus vigoureusement l'incrédulité jusque dans ses derniers retranchements, et peut-on se montrer plus désintéressé?

au lieu d'examiner lui-même, qui renvoie à des parties rivales et intéressées à dénigrer, que la peur fait mentir, que l'égoïsme rend coupables de déni de justice, qui privent le pays d'une chose parfaitement utile. Qu'a-t-il rencontré? des savants ou des intéressés qui nous rappellent l'anecdote suivante :

« Un bon homme, croyant faire merveille, alla » frapper à la porte de pauvres gens en leur of- » frant ses poches pleines d'or; on le prit pour » un voleur. — Je ne suis rien moins que cela, » leur disait-il, d'ailleurs qu'avez-vous à craindre? » Examinez que vous êtes en nombre sur vos » foyers, que je suis seul et que je vous apporte » de l'or. — Bon! de l'or, lui répondit-on, vous » êtes un voleur, et ce n'est pas de l'or que vous » avez dans vos poches; nous savons ce que » nous savons, et ce que vous nous dites n'est » que pour dérober nos haillons. » Le bon homme eut beau dire, il fallut se retirer.

Nous ne prétendons pas faire aucune application, à qui que ce soit, de cette historiette, nous serions injuste et faillirions à notre caractère esclave des convenances et des bienséances, mais nous voulons en tirer cette question : M. Gonon offre-t-il ou non une grande découverte, une découverte précieuse, souverainement utile, pour ne pas dire indispensable? — Quelles sont les personnes qui puissent raisonnablement la lui contester? qui s'est donné la peine d'examiner, de faire fonctionner sa machine, d'en suivre les résultats, de les constater et de les critiquer dans leur marche? M. Foy a bien dit : *le télégraphe Gonon est mauvais*; mais quel en est le présent pour lui pour qu'il tranche ainsi sur son avenir? Est-ce donc que d'un intérêt personnel, d'un calcul malveillant, personne eût jamais le droit de conclure à l'impossible? est-ce donc que des faits obtenus ne furent pas, dans tous les temps, des vérités? mais si M. Foy avait seulement pu ajouter le moindre perfectionnement au télégraphe Chappe [1], il ne manquerait pas de crier à l'injustice contre quiconque le révoquerait en doute ou déprécierait son talent.

[1] Il n'est pas permis à M. Foy d'ignorer que Claude Chappe a reconnu l'insuffisance de son système, qu'il n'a posé que les bases de cette science, que son œuvre « ne sera qu'un point de départ » pour ceux qui voudront faire des recherches en ce genre. — La » télégraphie sera probablement plus étudiée dans l'avenir qu'elle » ne l'est aujourd'hui, et nous continuerons, *par nos renseignements*, à lui servir d'appui, même lorsque nous n'existerons » plus. » (Voy. son *Histoire de la Télégraphie*, 1824.)

Nous devons faire remarquer que le dictionnaire de M. Chappe ne contient que 196 signaux primitifs; encore doit-on les réduire à 92 pour la correspondance générale, les autres ne servant qu'à indiquer les accidents, les erreurs, les rectifications, l'activité, le repos, les brouillards, etc. (Voy. l'ouvrage de M. E. Gonon inti-

Les partisans de M. Foy et les grands prôneurs du système électrique ont osé dire que M. Gonon était *aveugle;* mais M. Gonon a demandé à voir et on le lui a refusé, et, pour cela, ils se sont crus en droit de se faire sourds eux-mêmes et de ne point vouloir exécuter la loi, car ils ont refusé d'insérer sa réponse à leur article, et il a été obligé de déférer leur refus aux tribunaux; il n'a rencontré que la RENOMMÉE[1] qui ait cru devoir suppléer l'ÉPOQUE prise en flagrant délit de déni de justice. Il est vrai que le journal l'*Époque* n'est pas toujours l'organe ni l'écho de la vérité et de la justice, et que son oreille n'est habituée qu'à la voix de sa coterie. Crédule et obséquieux à l'excès pour ses frères et amis, il est sceptique et résistant pour tout ce qui n'est pas eux.

En matière d'idées spéculatives, rien de plus naturel et de plus prudent que le doute, mais dans les questions de faits accomplis, il n'y a que l'ignorance ou le mauvais vouloir qui s'obstinent à les nier, à les repousser.

Comme il y a des degrés dans le dénigrement, on ne s'est pas borné à dire seulement que la

tulé : *les Télégraphes aériens et électriques*, questions mises à la portée de tout le monde. Paris, 1845.

[1] *La Renommée*, revue politique, parlementaire, littéraire, etc., numéro d'avril 1846.

machine télégraphique de M. Gonon et son système ne valaient rien, on est allé l'attaquer dans son for intérieur, et comme si, mieux avisé que Prométhée, on lui eût ouvert une porte au cœur, on a osé attaquer sa moralité et dire *qu'il voulait ruiner un grand nombre de personnes.* Nous ne devrions peut-être pas répondre à une calomnie d'autant plus odieuse qu'elle repose sur une supposition; cependant nous ferons remarquer que, si M. Gonon n'eût voulu que de l'argent, il eût pris une marche tout opposée à celle qu'il a suivie. Lorsqu'il est arrivé à Paris, il y a trois ans, il n'était nullement question des télégraphes électriques; ils étaient jugés, il y avait long-temps pour la France, une impossibilité; que peuvent-ils devenir, sans éléments nouveaux, malgré l'autorité savante du grand nom qui les appuie et encore avec des restrictions peu favorables à leur avenir [1]? M. Gonon pouvait alors s'adresser aux corps savants, user de sa position et de son crédit, tenter d'obtenir des fonds, pour ses expérimentations, pour ses preuves, comme l'ont fait MM. du télégraphe électrique. Loin de là, il s'est renfermé dans lui-même, dans sa foi, dans les attestations dont il était porteur; il a

[1] Voir le rapport de M. Arago à l'Institut, 9 juin 1840.

appelé à ses expériences des savants, des mécaniciens, des littérateurs, des hommes haut placés dans l'administration, dans la politique; tous ceux qui sont venus se sont retirés satisfaits, surpris, pénétrés d'une véritable admiration, et M. Gonon a fait construire trois grandes machines *à ses frais*, de ses propres deniers, et il n'a demandé, au gouvernement, que de l'admettre à faire ses preuves et à construire encore, qui plus est, une ligne télégraphique entière de Paris à Rouen, *toujours à ses frais*, et il n'a pu l'obtenir.

En face de faits semblables, on se demande quelle est la puissance des petits sur les grands, ou la faiblesse des grands à l'égard des petits; ce que peuvent devenir, dans toutes ces mains, les intérêts de la société, ce que doivent attendre les hautes intelligences de ce tohu-bohu de notre administration.

Rien n'est plus facile que de nier, mais le difficile est de prouver sa dénégation. Une chose *ne vaut rien*, c'est bien ; mais pourquoi et comment? *That is the question*. M. Gonon n'a pas eu la peine de leur dire : *faites-en autant*, ou plutôt *faites mieux*. A-t-il hésité, lui, à critiquer le système électrique et à donner ses raisons? et si, par pur amour pour la science, pour la vérité, pour l'intérêt public, il n'a pas craint de heurter

des savants, une compagnie entière d'intéressés, les partisans, les prôneurs, les souteneurs et toute la coterie enfin, puisqu'il faut parler ainsi, pourquoi ne lui a-t-on pas dit : « Voyons, thau-
» maturge nouveau, venez nous montrer vos
» miracles, faites-nous assister aux merveilles
» de votre machine, initiez-nous aux mystères
» de votre prétendu sublime et incomparable
» dictionnaire? » Rien de tout cela ; on est allé voir comme en passant, et l'on a donné moins d'attention à un géant qui embrasse le monde, dans ses deux bras, qu'au nain Tom Pouce qui occupe à peine 40 centimètres sur les planches d'un petit théâtre.

Je ne crois être ni enthousiaste, ni prévenu ; lorsque j'ai vu l'œuvre de M. Gonon, je n'avais pas l'honneur de le connaître, et, si j'en ai fait quelque étude, c'est qu'elle se rattachait, comme je l'ai déjà dit, aux études de toute ma vie ; c'est parce qu'elle comportait une langue universelle, claire, simple et rapide, en un mot, une *véritable unité*, principe de toutes les sciences. En la pénétrant profondément, avec cette intention qui cherche une conception aussi complète que vaste, aussi positive que son but le demande, je crois pouvoir déclarer que le télégraphe Gonon m'a présenté un spectacle attachant, procédant avec une simplicité large et concluante.

En me rendant compte des conditions nécessaires à son vocabulaire, je suis passé de la surprise à l'admiration, car c'est le Dictionnaire qui est le grand levier, et la machine n'est que la matière sur laquelle il s'appuie. En elle, j'ai vu bientôt le traducteur fidèle de la pensée, et son *courrier* non moins fidèle et rapide encore, si je puis m'exprimer ainsi. J'adressai donc bientôt à M. Gonon les questions suivantes, questions qui avaient déjà été faites, et que nous nous contentons de reproduire ici parce qu'elles nous paraissent comporter tous les problèmes à résoudre par un télégraphe aérien complet et parfait :

1. Votre télégraphe peut-il rendre tous les genres de dépêches?

2. D'après votre système, pouvez-vous rendre les mots techniques de sciences, d'arts, etc.?

3. Votre système emploie-t-il plus de signaux que de mots contenus dans les dépêches?

4. Votre système expédie-t-il les chiffres?

5. Votre télégraphe est-il sujet à de fréquentes erreurs?

6. Votre système est-il apte à rendre correctement tous les noms propres étrangers?

7. Pouvez-vous expédier des dépêches dans d'autres langues, avec votre système tel qu'il est aujourd'hui appliqué à la langue française?

8. Pouvez-vous expédier des dépêches pendant les brouillards?

9. Votre système peut-il s'adapter à d'autres langues avec les mêmes avantages que ceux que vous avez en français?

10. Pouvez-vous expédier facilement pendant la nuit?

11. Pouvez-vous redresser les fautes des expéditions, en supposant qu'il y en ait?

12. Avez-vous les moyens de changer les clefs?

13. Pourriez-vous remplir complétement une correspondance diplomatique?

14. Est-il nécessaire d'employer des hommes instruits pour faire partie de l'administration?

15. Combien votre télégraphe peut-il faire de signaux à l'heure ou à la minute?

16. Les signaux de votre télégraphe se distinguent-ils bien?

17. Pourrait-on deviner facilement vos signaux et leur signification?

18. D'après votre système pouvez-vous expédier plus promptement dans certains cas que dans d'autres?

19. Pourriez-vous instruire en peu de temps les administrateurs et les employés aux signaux?

20. Pourriez-vous expédier une dépêche quelconque plus promptement qu'on ne le fait en France d'après le mode en usage?

21. Pouvez-vous placer vos stations à de plus grandes distances qu'on ne le fait en France?

22. Connaissez-vous les causes qui retardent si souvent l'arrivée des dépêches du télégraphe de France?

23. Combien de temps prendriez-vous pour expédier une dépêche de 500 mots, de Paris à Toulon?

24. Pouvez-vous expédier les dépêches de la Bourse avec les chiffres qui n'ont point de signes de séparation d'un nombre à l'autre?

25. Pensez-vous que le télégraphe de France soit indéchiffrable?

26. Pouvez-vous observer strictement la ponctuation, les alinéas, les soulignés, etc.?

27. Pouvez-vous rendre toujours fidèlement et clairement les dépêches?

M. Gonon se contenta de me répondre par des expériences qui en étaient et la démonstration et la solution, et, depuis, tout le monde a pu voir comme moi, même ses détracteurs les plus obstinés.

Je le répète, dans mon étonnement, comme si j'eusse craint des hallucinations, j'ai conduit aux expériences, aux preuves, toutes les capacités et toutes les notabilités du journal le *Siècle*... j'ai dit ce qui en était résulté.

Le public est composé de deux classes : les savants et ceux qui ne le sont pas. Je dis donc, pour les premiers, qu'ils ont pu voir et se convaincre; ils ne se sont guère montrés curieux. Quant au second public, c'est pour lui que j'écris, afin que, dans sa justice, qui veut que chacun soit entendu, il répète cet axiome si loyal, si équitable : « On ne doit pas juger un homme sans l'entendre. »

J'ajouterai une autre réflexion qui est le cri commun de la conscience, c'est : *Qu'on ne doit ajouter foi qu'à l'expérience, et qu'il n'y a que les épreuves et les preuves qui puissent assurer qu'on ne nous trompe pas.*

Quand un gouvernement protége, facilite, aide de l'argent de la nation d'un côté, de l'autre son moindre devoir envers la nation est bien au moins d'examiner ou de faire examiner, de manière que, ni lui ni personne ne soit ou trompé, ou abusé, ou victime, soit d'erreurs, soit de mauvais vouloir, soit de toute mauvaise passion, indifférence ou incurie.

C'est là un langage simple, conforme à la raison, au bon sens le plus vulgaire.

D'ailleurs, est-il bien prouvé que le télégraphe électrique ne soit pas une chimère, et que le télégraphe Gonon soit impossible ou une absurdité [1]?

L'électricité est-elle une agent suffisamment connu maniable et docile à la volonté qui l'emploie? — et le vocabulaire Gonon, qui peut seul remplir le but qu'on se propose, en télégraphie, est-il plus à la portée de l'intelligence humaine qu'un phénomène de la nature qui est hors de cette même puissance humaine, qui résume en lui le tonnerre, qui en fait partie et peut détruire, comme lui, en frappant instantanément

[1] La télégraphie électrique est connue depuis 1747. Elle a été particulièrement expérimentée, depuis vingt ans, en France, en Angleterre, aux États-Unis, en Allemagne, en Russie, par les savants du premier ordre. Jusqu'à présent on n'a pu obtenir des résultats satisfaisants ni même probables. On n'a constaté que des inconvénients difficiles pour ne pas dire insurmontables, et même de grands dangers, en ce que le télégraphe attire la foudre. (V. *le Constitutionnel* du 15 juin et *le National* du 6 juin 1845.) De plus, pour l'établir en France, il en coûterait au moins 600 millions, tandis que le procédé de M. Gonon n'exigerait que 12 millions au plus. (Voir l'ouvrage de M. Gonon, *des Télégraphes aériens*, etc.)

de mort? Les faits sont là, le rapport de M. Arago en fait foi[1].

Il y a dans ces faits incontestables, dans ces déclarations ou aveux de M. Arago, matière à de tristes et sérieuses réflexions.

Lequel préférer entre une abstraction qui comporte mille inconvénients, les dangers les plus graves, et un système dont l'affirmation ou la négation peuvent être presque instantanées et sans danger?

Comme je ne suis pas dans le secret de messieurs du télégraphe électrique ou du télégraphe Chappe, je ne puis le dire; mais, comme le public a plus de pénétration que moi, il le devinera probablement, s'il ne l'a déjà surpris, et, s'il met le doigt dessus, on n'osera pas lui dire, à lui, qu'il est *aveugle ou fou*.

Nous ne doutons pas que l'esprit humain ne nous fournisse un jour des éclaircissements sa-

[1] Il y est dit positivement que, si l'homme eût été à son poste, à la station de Rouen, *il était tué par la décharge électrique.* Et pour mieux se convaincre et de nos jugements et de nos assertions, nous n'avons plus qu'à renvoyer au rapport de M. Pouillet, au nom de la commission, concernant le projet de loi sur la télégraphie électrique. Ce rapport, fait avec beaucoup d'habileté et de précaution, nous donne, à nous, pleinement raison, et à M. E. Gonon gain de cause complète.

Ce rapport vient de paraître au moment où nous venions de mettre cet écrit sous presse.

tisfaisants sur la nature du feu et de la lumière, sur la théorie de l'attraction, du flux et du reflux, de l'aimant et de l'électricité; les découvertes, sur ces deux derniers agents, ajoutent à nos espérances et à notre foi en la richesse des éléments qu'ils peuvent comporter, mais on nous accordera du moins que, jusqu'à présent, leurs applications laissent beaucoup à désirer.

L'électricité en est-elle arrivée à ce point de certitude qu'elle puisse satisfaire aux besoins actuels et pressants de la télégraphie? Voilà la question. — Le télégraphe que nous possédons, qui marche ou qui ne marche pas, qui dessert le gouvernement, est-il suffisant? M. Gonon dit et soutient que non[1], et il prouve que le sien

[1] M. Chappe, dans sa loyauté, l'a déclaré lui-même. (Voir son ouvrage déjà cité.)

Un homme qui s'est livré aux études les plus sérieuses sur la télégraphie, parce qu'il voulait faire faire des progrès à cette science, M. le docteur Jules Guyot, a adressé, le 30 avril de cette année, une lettre fort grave à MM. les membres de la Chambre des Députés sur la double question des télégraphes aériens et des télégraphes électriques.

Voici le résumé de cet écrit, qui est d'autant plus important qu'on ne peut contester la capacité, les bonnes intentions et la loyauté de son auteur.

La télégraphie électrique était parfaitement décrite et familière à tous les savants, en 1841, telle qu'elle est aujourd'hui (voir *le Courrier Français* du 5 juillet); MM. Pouillet, Séguier, Denis, Carrière et autres membres de la commission spéciale l'ont discutée le 12 janvier 1842. Alors elle a été jugée bonne ou mauvaise: si elle a été jugée bonne, pourquoi M. l'administrateur en chef

vaut mieux, qu'il remplit toutes les conditions désirables.

En pareil cas, que conseillent la raison et la prudence, et surtout l'intérêt national?

D'examiner le télégraphe Gonon, de s'assurer s'il répond aux exigences actuelles, et, dès lors,

des télégraphes demandait-il, le 23 mai 1844, 506,000 fr. pour la télégraphie aérienne; si elle était jugée mauvaise, pourquoi en poursuit-on l'établissement?

La télégraphie électrique n'est point et ne peut être une télégraphie gouvernementale sérieuse; elle est sans protection possible, et à la merci de toutes les destructions imaginables*...

On veut confisquer la télégraphie aérienne au profit de la télégraphie électrique. Cela résulte clair comme le jour et des détails donnés par le *Journal des Débats* et de l'exposé des motifs de la loi proposée à son égard**. Il n'est donc pas surprenant que M. Foy donne tête baissée et se jette à corps perdu dans la télégraphie électrique.

« Je ne pourrais, dit M. Guyot, m'empêcher de regarder comme » un acte déplorable, comme un acte d'idiotisme, le remplacement de la télégraphie aérienne par la télégraphie électrique, » qui réclame, pour vivre, l'honnêteté, la patience et le respect » de ses ennemis, et même des oisifs indifférents. »

* Le rapport de M. Pouillet (p. 14) ne repousse nullement ce reproche; il l'admet au contraire, et M. le ministre de l'intérieur, dans son projet de loi sur les télégraphes électriques, n'avait pu omettre cette objection, qui est regardée, par la commission, comme *une conviction*.

** M. Pouillet dit, dans le même rapport, p. 16 : « Elle (la commis» sion) a cru voir, dans plusieurs passages de l'exposé des motifs, que » *l'administration conserve peu de goût pour l'ancien télégraphe*, et que » peut-être elle inclinerait, dès à présent, à substituer *progressivement* » *et systématiquement* la télégraphie électrique à la télégraphie ordi» naire. *Cette tendance nous a paru mériter la plus sérieuse attention;* » nous avons pensé qu'il était indispensable de les signaler, et de *mon*» *trer en même temps quels graves intérêts s'y trouvent engagés.* »

de l'adopter au moins provisoirement. Rien n'empêchera de continuer les essais du télégraphe électrique, d'en poursuivre le succès[1], et la question d'argent ne saurait entrer dans les considérations, car le télégraphe électrique a déjà dévoré un demi-million sans résultat, et M. Gonon propose d'établir une ligne, *à ses frais*, de Paris à Rouen.

L'intérêt public n'a à se préoccuper ni des personnes, ni des moyens, ni de la science; ce qu'il demande, c'est d'être servi selon ses besoins; il s'enquiert fort peu de ce qu'il y a de surprenant, de merveilleux dans les phénomènes mystérieux de l'électricité; il demande ce qui est utile. Le public est incrédule, il demande à voir, à toucher, à palper. Que lui font les questions de jalousie, de rivalité, de suprématie? il se soucie fort peu que le télégraphe soit de Chappe, administré par Foy, de Morse, de Wheatstone ou de Gonon; il ne les connaît ni les uns ni les

[1] Nous éprouvons quelque sentiment de vanité de ce que nous nous soyons si bien rencontré avec M. Pouillet, il dit, dans son rapport, page 17 : « La majorité de la commission est d'avis qu'il » serait prématuré et peut-être imprudent de s'occuper aujour- » d'hui de cette question (le changement de système); elle est » convaincue qu'il faut auparavant être en état d'apprécier jus- » qu'à quel point le télégraphe électrique pourra servir, etc. » — Il ne pouvait établir son impuissance actuelle d'une manière plus positive.

autres; il veut, il appelle le meilleur télégraphe à l'aide duquel on fasse bien et à temps ses affaires. Il faut que le vaisseau de l'État marche, et peu lui importe le pilote.

Dans l'état d'ignorance volontaire et bien surprenante où l'on est demeuré, relativement au télégraphe Gonon, tandis qu'on a tant choyé, tant prôné, si chèrement payé déjà les hypothèses du télégraphe électrique, s'est-on seulement enquis s'il pouvait y avoir quelque comparaison à faire entre les trois systèmes? de quel côté pouvait être la supériorité?

On savait que l'électricité avait quelque chose de merveilleux; on connaissait le goût du public pour le merveilleux, et l'on a exploité, et l'on exploite le merveilleux. Mais on sait où a abouti la fameuse *dent d'or*, et le public, bien que dupe, a eu seul le droit de rire aux dépens des savants qui, seuls, étaient coupables de son erreur.

Faisons aux savants une autre question. L'électricité, dans l'état actuel de la science, est-elle susceptible d'une complète démonstration? Non. — On peut donc nier l'existence mathématique de ses effets.

En est-il de même du télégraphe Gonon? peut-on constater les siens mathématiquement? Oui. — On doit donc le constater et l'adopter.

On m'objectera peut-être qu'il y a dans ces propositions quelque chose de hasardé. Nous en reviendrons à l'impitoyable logique, à ces paroles populaires devenues axiomatiques : *Il n'est pas moins indiscret de rejeter dédaigneusement une chose avant examen, que d'en adopter légèrement une autre avant la preuve.*

Les causes et les effets, voilà la loi du savant, voilà la règle du sage.

Quels sont, nous le demandons, les faits qui soient venus contredire les assertions de M. Gonon? Il n'est pas une seule expérience, entre mille, qui ne soit venue les fortifier, et il est forcé de dire à tous ces Thomas modernes : *Puisque vous ne voulez pas croire, allez donc voir?* venez donc, au moins, marquer la place où vous voulez immoler votre victime! mais personne n'a le courage de ses démentis; on les colporte dans l'ombre, et l'on fuit le grand jour où s'est posée la vérité.

Venez donc, tous réunis, sur le champ des épreuves, car c'est là que vous devez prouver que M. Gonon est, ou un fou ou un charlatan, ou peut-être un de ces hardis imposteurs qui spéculent sur la crédulité publique pour faire des dupes?

De pareilles accusations ne se font pas à la légère, elles se prouvent; elles sont déjà un service, un hommage à la morale publique.

Trente années de travaux, des expériences prouvées à la face du monde, les éloges des savants, le patriotisme irrécusable d'un citoyen, un parent des plus dignes, très-haut placé dans la confiance et dans l'estime du prince, ne vous suffisent pas pour garantie; vous refusez de croire au génie; faites-vous donc matière?

Encore une fois, voyez donc, examinez donc de vos yeux, de vos propres yeux, si toutefois *vous n'en avez que pour ne pas voir!*

Vous avez beau résister, opposer la force d'inertie et l'insensibilité de la borne, le public pose les questions, son bon sens infaillible lui fait démêler, à la fin, ce qui est honnête et vrai, et c'est alors qu'il écrase les détracteurs systématiques sous le poids de la justice éclatante qu'il rend à qui la mérite. Il ne vous estimera que davantage si vous avez raison; il aura assez de reconnaissance pour payer votre résistance. Prenez-donc garde que, dans tous les cas, il ne vous fasse un crime de votre négligence.

Voilà les faits, les principes dont je me fais

l'interprète et l'organe ; je ne défends que la vérité, l'honnête et le juste ; mon rôle a dû me plaire et me flatter.

Si quelqu'un venait me blâmer de m'être mêlé de cette question et de l'avoir poussée aussi loin, je répondrai que la circonspection et la réserve sont, il est vrai, des qualités précieuses, mais que l'amour de la vérité est une vertu, et que cette vertu serait stérile, une lettre morte, si l'on n'avait le courage de la publier.

Celui qui se met en évidence au nom de ce qui est vrai et juste n'accomplit qu'un devoir sacré. Il n'y a que les esprits légers et les cœurs secs qui disent : *que m'importe!* C'est précisément parce que je tiens à l'estime du public que je cherche à l'éclairer ; celui qui le craint n'a pas la conscience pure. Il n'est redoutable que pour ceux qui ne sauraient lever les yeux devant lui sans rougir.

Ou le télégraphe Gonon vaut mieux que les deux autres, ou il ne vaut rien du tout.

Dans cette dernière hypothèse, que peut-il arriver? Il tombera de sa propre nullité, et je n'aurai perdu que le peu de temps que m'aura pris cet écrit; je n'aurai nui à personne qu'à moi. Mais, si ce télégraphe est une création précieuse, utile, nécessaire, il prendra sa place et le public me remerciera de le lui avoir signalé, de l'avoir soutenu.

Certes, je puis m'être trompé, mais mon opinion peut-elle être considérée comme une imprudence, puisque rien n'est encore jugé définitivement à l'égard du télégraphe Gonon ?

Si l'on voulait suivre la marche que nous indiquons, la question serait bientôt résolue, et les intéressés opposants y gagneraient euxmêmes.

Il nous semble que l'on pourrait adresser un reproche plus fondé aux détracteurs du télégraphe Gonon : peut-il suffire qu'ils aient dit qu'il ne valait rien? Quel droit ont-ils à ce qu'on s'en rapporte exclusivement à leur déclaration ?

Qu'a produit M. Foy, par exemple, pour le plus grand perfectionnement de la télégraphie? Si nous disions, nous, qu'il n'y entend rien, qu'il est obligé, lui directeur des télégraphes de toute la France, de s'en rapporter à ses employés, ne jetterait-il pas les hauts cris? De quel droit prétend-il faire prévaloir ses opinions personnelles et intéressées? Pourquoi M. le ministre de l'intérieur, qui avoue noblement et loyalement son incapacité dans cette matière, s'en est-il rapporté constamment, depuis trois ans, à M. Foy? — Il y a quelque chose d'estimable, sans doute, dans l'opinion et dans le zèle des subordonnés, mais les supérieurs sont-ils dispensés d'examiner, par eux-mêmes, les questions graves et vitales?

Nous ne blâmons pas, car M. le ministre doit être prudent en matière de nouveautés, mais il arrive un moment où il doit ouvrir les yeux et se faire rendre compte, un compte impartial; bien plus, il doit voir par lui-même. Il ne peut y avoir d'inconvénient à ce qu'il se substitue à ses subordonnés. Il y a peu de mérite à se montrer dédaigneux des découvertes, et M. Duchatel s'est applaudi plus d'une fois d'avoir parcouru les salles de l'industrie.

Certainement je me respecte trop pour écrire un libelle ou une satire; je ne craindrai donc pas de poser cette question : « Les Corps Savants, le » Ministère, ont-ils fait leur devoir, rempli le but » de leur institution en ce qui concerne le télé- » graphe Gonon? »

Il n'est pas un écrivain impartial, pas un homme ami de son pays qui n'ait le droit de faire cette question. Elle est d'ailleurs faite dans des termes si généraux que personne ne peut s'en trouver blessé; elle est trop grave, dans ses résultats, pour qu'il ne me soit pas permis d'y répondre.

Cette réponse, nous la trouvons toute faite, la voici :

« Lorsque la nation s'est décidée à rémunérer » des corps savants, lorsqu'elle a fait des fonds » considérables pour procurer des revenus à leurs » membres, lorsqu'elle a assuré leur tranquillité, » lorsque, pour récompense de leurs travaux, » elle leur a accordé un rang distingué dans l'ordre » civil, elle s'attendait sans doute à être éclairée » dans toutes les circonstances.

» Ainsi, la cruelle maxime : *Tout pour soi,* » *rien pour les autres,* ne peut appartenir à des » corps spécialement établis pour donner aux con- » naissances acquises la plus grande extension » dont elles sont susceptibles, pour encourager » les découvertes utiles, pour les revêtir de la » sanction nécessaire à la confiance, en accueil- » lir et rechercher les auteurs, enfin, pour ne » laisser rien perdre de ce qui peut intéresser la » nation.

» Ce serait sans doute mal remplir ces devoirs » que de regarder avec indifférence un événe- » ment important au bonheur des peuples ; ce » serait mal remplir ces devoirs que de rebuter, » négliger ou mépriser l'auteur honnête d'une » découverte avantageuse ; ce serait enfin mal » remplir ces devoirs que d'exciter, autoriser ou

» tolérer des jalousies ou des rivalités nuisibles.

» Il s'agit ici d'une découverte que son auteur, » que ceux qui l'ont vue déclarent des plus im- » portante. Sur qui la nation doit-elle avoir na- » turellement les yeux fixés pour asseoir son ju- » gement? — Sur les corps littéraires. — Ceux-ci, » qu'ont-ils fait pour lui donner satisfaction? »

Peut-on dire que la découverte n'a qu'un médiocre intérêt national? Bien au contraire, on en atteste l'importance par les préoccupations, par les sacrifices énormes faits déjà pour la télégraphie électrique. L'Académie écoute des rapports à son sujet; la presse la proclame et la prône; le ministère s'en émeut, il s'adresse aux corps savants, et l'on ne s'est pas seulement enquis de ce que pouvait être le télégraphe Gonon, qui a précédé l'autre, et sur lequel on aurait au moins dû commencer par se fixer.

Est-ce que l'Académie aurait cru se compromettre dans un semblable examen? mais elle s'occupe bien de la plus mince découverte, du plus simple remède.

M. Gonon fût-il un charlatan, on lui devait une sérieuse attention ou au moins une déférence polie, car enfin il y a plus d'honneur à s'instruire avec un charlatan que de se faire soupçonner d'avoir été injuste à son égard, et peut-être d'avoir contribué à sa spoliation.

Le grand tort de M. Gonon ne serait-il pas d'avoir été, quoique modeste, trop confiant dans sa découverte, ou plutôt trop confiant dans la curiosité des savants et dans leur autorité? sentant tout ce que valait sa création, n'est-ce pas un grief impardonnable de ne l'avoir étayée que de ses expériences, des nombreuses attestations dont il était porteur, et de ne pas s'être donné des patrons en crédit qui aiment à se grandir de la légère faveur qu'ils accordent aux veilles d'autrui?

Enfin, son plus grand crime ne serait-il pas d'avoir placé son œuvre au-dessus de celle qu'ils prônaient et d'avoir voulu défendre la science? n'est-ce pas une audace bien coupable et une liberté trop grande que de dire que l'électricité avait de graves inconvénients, quand on lui avait répété que son système ne valait rien? est-ce donc que les académies sont infaillibles, ou qu'il n'y a de bon que ce qu'elles ont jugé tel?

Mais, si nous répétions que M. Gonon a demandé des commissaires qui suivissent ses opérations, qui fissent un rapport, et qu'il attend encore, depuis deux ans et plus, qu'il plaise à ces juges de le convaincre, de lui délivrer cette magique feuille de papier dans laquelle gît toute la dignité, toute l'autorité de la certitude de la science.

A quoi pourrait me servir cette autre feuille de sibylle, se dit probablement M. Gonon! N'en ai-je déjà pas assez de ces certificats que je ne regarde plus? n'en ai-je pas de plus authentiques dans les expériences que je fais, que je répète à qui veut les voir, et que je suis toujours prêt à renouveler? m'entouré-je donc de mystères dont je n'ai pas besoin? Que demandé-je au gouvernement? Qu'il m'accorde d'établir mes télégraphes *à mes frais*, de les faire fonctionner sous les yeux de ceux de qui il lui plaira de s'entourer, d'expédier des dépêches et de reconnaître, de déclarer si mon système est bon, suffisant, supérieur même, quant à présent, à tout ce qu'on lui propose.

A qui demandé-je ces choses, non comme une faveur, mais comme une justice? à la France, mon pays; à mes concitoyens, à des hommes éclairés qui doivent comprendre tout ce que m'a dicté mon patriotisme.

Si la France, si les hommes qui l'éclairent et la gouvernent me repoussent, je m'envelopperai, je puis le dire sans vanité, dans mon honnêteté et dans ma conscience sans reproches, et j'irai demander à des Étrangers ce que m'aura refusé mon propre pays.

C'est là toute la question et toute sa foi.

Cependant il reste encore dans les Chambres à M. Gonon un refuge contre tant de mauvais vouloir, tant de déceptions et de sentiments généreux brisés. Nous engageons cet homme honorable, ce savant laborieux, modeste et persévérant, à s'adresser à elles. Là il trouvera des hommes sans passions, ou plutôt qui brûlent de celle qu'inspirent et l'amour de la patrie et une vive sollicitude pour tout ce qui la sert et l'honore.

J.-B. Mesnard.

www.ingramcontent.com/pod-product-compliance
Ingram Content Group UK Ltd.
Pitfield, Milton Keynes, MK11 3LW, UK
UKHW020424180726
13839UKWH00003B/1379